AF316274

RÉPONSE

A LA

PROCLAMATION DU DIRECTOIRE,

DU 25 MESSIDOR AN VII.

Quid quid delirant reges plectuntur achivi.
« Le peuple paie toujours les pots cassés du
» gouvernement. »

CITOYENS DIRECTEURS,

LE devoir d'un bon citoyen étant de dire la vérité avec
force et franchise, sans partialité, on ne doit pas craindre
d'offenser l'esprit de quelque parti, lorsqu'on ne veut que le
bien général, qui doit être le but de votre proclamation, ainsi
que des réflexions que j'ai cru pouvoir y faire.

(*Républicains !*)

J'observe d'abord que ce mot ne s'adresse qu'à une partie
du peuple français auquel vous faites la proclamation ; car il
vous est très-connu que le peuple français est singulièrement
partagé d'opinion sur le système de gouvernement : les uns
aiment le gouvernement républicain, les autres regrettent la
monarchie, d'autres voudroient la démocratie, d'autres l'aristocratie ; il y en a aussi qui aiment beaucoup l'anarchie. —
Pour des théocrates, je ne crois pas en trouver un grand
nombre en France ; mais toute cette diversité d'opinions a plus
ou moins sa source dans l'intérêt, l'habitude, l'éducation, l'i-
gnorance même ou la prévention des individus qui composent

A

la société. Je conclus que , sans y faire attention , il eût fallu tout uniment faire l'adresse aux *citoyens ; car le mot *républicain* désigne absolument un parti.

(*La patrie est menacée*, etc.)

C'est-à-dire qu'elle est en danger. Ce danger ou cette menace ne provient pas de l'intérieur ; car tout étoit bien calme et bien tranquille pendant les négociations de paix à Rastadt ; preuve qu'il ne dépendoit que de cette paix de sauver la patrie ; comme on l'eût pu faire également du tems du bienheureux Buonaparte. La menace ne provient donc que de l'ennemi extérieur , avec qui on n'a pas voulu conclure une paix durable, quand on la pouvoit faire en même-tems honorable et favorable. Si on ne l'a pas fait dans le moment de prospérité, et qu'on ne veuille pas la faire dans le tems de revers ou d'adversité , on ne la fera donc jamais.

(*L'ineptie et la trahison l'ont mise sur les bords de l'abîme*, etc.)

Vous convenez donc qu'il y avoit des hommes *ineptes* et des *traîtres* en place ? Qui les a placés et qui les a choisis ? C'est la cabale, c'est l'esprit de parti, l'ambition , la ruse, la faveur, tout ce qu'il vous plaira. — Vous ne direz pas que c'est le peuple qui les a nommés ou qui les a voulus ; vous ne direz pas même que ceux qu'on a destitués sont des *ineptes* ou des *traîtres*, avant de les avoir convaincus ; car pareil sort pourroit vous arriver, si vous aviez des revers et qu'on pût parvenir à vous culbuter, puisque tout dépend des événemens dans le monde , et que la destinée de César n'a pas été celle de Pompée. Je les crois cependant tous deux *grands républicains* ; le mot ne fait rien à la chose, et le succès de l'un ne détruit pas le mérite de l'autre.

Il est bon pourtant d'observer que , dans un gouvernement républicain , il y aura toujours des traîtres et des ambitieux plus que dans tout autre gouvernement ; la preuve en est consignée dans l'histoire de tous les tems. Il y a des traîtres et des méchans dans tout gouvernement, parce que les hommes gouvernans ne sont pas plus parfaits que les gouvernés. L'instabilité du gouvernement qui change à tout moment de personnages , et le pouvoir arbitraire dans la destitution des emplois , est une des plus grandes causes qui contribuent à mettre des *ineptes* et des *traîtres* en place.

(*Nos ennemis ont conçu les plus vastes espérances*, etc.)

Je vous demande , qu'entendez-vous par vos ennemis ? Les

ennemis du gouvernement ne sont pas justement les ennemis de la patrie ; il y a des ennemis intérieurs et extérieurs. — Ces derniers sur-tout ne sont pas dans le cas de concevoir de *vastes espérances*, puisqu'en tout cas ils ne font la guerre que pour réduire la France à ses premières bornes, et tout au plus peut-être à réformer ou modifier sa constitution, afin de ne pas voir en Europe une rivalité de principes qui pût culbuter tout l'ordre des choses, et entraîner une lutte politique interminable.

Vous avez plus d'ennemis *intérieurs* qu'extérieurs, et vous pouvez aisément vous les concilier en faisant la paix, et ils deviendront vos amis : car le peuple est trop fatigué d'une guerre aussi longue que ridicule ; il demande la paix, puisqu'il vous a remis entre les mains les moyens de sauver la république ou l'état, aux dépens même de la constitution et du gouvernement ; car la constitution et le gouvernement n'existent que pour le peuple, et non le peuple pour la constitution ou pour le gouvernement.

(Le triomphe de la liberté ne peut être douteux, etc. *)*

Je ne sais ce que vous entendez par *triomphe de la liberté*. Si vous croyez que le triomphe de la France sur l'Europe entière doit avoir lieu pour renverser tous les gouvernemens, je crois, moi, que ce triomphe est très-douteux et très-chimérique, et que cette lutte est aussi extravagante que ridicule, d'autant plus que vous avez indisposé contre vous, non-seulement tous les pays conquis, mais en même-tems tous vos voisins qui ont souffert le théâtre de la guerre, tels que les Suisses, les Hollandais, les Piémontais, les Savoyards, les Génois, les Lombards, et tous les pays qu'on a voulu républicaniser ou révolutionner ; car vous sentez bien que l'on ne passe pas aisément d'un élément à un autre, et qu'on ne change pas de gouvernement comme de chemise. J'en appelle à votre propre expérience, puisque vous conviendrez que l'esprit du peuple n'est plus et ne peut plus être ce qu'il a été il y a huit ans : alors il aimoit le gouvernement, parce que ses intérêts n'en étoient pas séparés ; il l'avoit créé et il le faisoit marcher : maintenant c'est tout l'opposé ; les intérêts sont divisés, et le gouvernement mène le peuple.

(Républicains ! soyons unis, etc. *)*

Le parti républicain est bien partagé et bien diminué depuis trois ans, et il faut convenir que leur zèle est grandement réfroidi ! D'ailleurs, on peut être très-bon républicain sans aimer le gouvernement, et même sans aimer la constitution ; car la forme du gouvernement ou de la constitution n'est pas essentielle à la république. Ce n'est pas que le gouvernement soit mauvais ou odieux par lui-même; mais il penchera toujours vers l'abus du pouvoir ; il sera toujours exposé aux factions , et il se rendra haïssable par des lois violentes plus ou moins injustes ou vexatoires , telle qu'est encore la dernière loi des ôtages , du 24 messidor , qui ne peut qu'exaspérer l'esprit public , et augmenter le nombre des ennemis du gouvernement.

(Ne craignez , de notre part, ni ambition ni arrière-pensée, etc.)

Et pourquoi ne craindroit-on pas l'ambition de ceux qui veulent gouverner dans une république? Vous savez , par l'histoire de tout les tems et l'expérience des peuples, que toutes les républiques ont toujours été agitées par des cabales et des factions; qu'il n'y a pas de gouvernement qui prête plus de carrière à l'ambition ; à l'esprit de parti et de division, que le gouvernement républicain. D'ailleurs , peut-on nommer le gouvernement français un gouvernement républicain ? C'est , sans contredit , la plus violente et la plus dure aristocratie qui exista jamais sur le globe; ce qui est aisé à prouver , non-seulement par les effets , mais par la nature des choses même ; car la forme élective ne change pas la nature du gouvernement : tout comme une monarchie élective n'est pas moins une monarchie qu'une monarchie héréditaire , de même une aristocratie élective n'est pas moins une aristocratie que si elle étoit héréditaire : le changement des personnes n'est pas un changement dans la chose ; reste à voir si les inconvéniens qui en résultent sont plus grands dans une hypothèse que dans l'autre. L'expérience doit vous prouver la défectuosité de votre constitution sur ce point.

S'il m'est permis de vous demander ce que vous entendez par le terme *d'arrière-pensée*, je vous avouerai qu'il m'est inconnu, et que je ne le crois pas même un terme français; tout au plus seroit-ce un mot usé qui, en tout cas, est très-déplacé et inapplicable sous tous les rapports en cet endroit.

(Nous voulons la république, une et indivisible, etc.)

Vouloir la république, *une et indivisible*, c'est vouloir maintenir tous les pays ou départemens conquis et réunis. Or, si on vous proposoit la paix aux conditions de les rendre à leurs premiers gouvernemens, ne devriez-vous pas volontiers en faire le sacrifice? La France seroit-elle moins heureuse avec ses anciennes limites , et ne peut-elle pas fort bien exister sans les pays conquis ? Vous avez protesté hautement contre l'ambition et l'esprit de conquête, et ce ne seroit pas un sacrifice que l'on feroit, en sauvant l'état par un moyen qui ne lui ôte rien de sa première intégrité.

Vous voulez la constitution de l'an III. Et pourquoi celle-là plutôt que toute autre ? Le peuple ne pourroit-il pas être heureux sous toute autre forme de gouvernement que sous la vôtre ? Quel mal y auroit-il d'innover ou de modifier la constitution, si par ce moyen vous pouvez obtenir la paix ? Quelles sont donc les raisons qui vous déterminent plutôt pour la constitution actuelle que pour toute autre ? Ne pourroit-on pas vous reprocher que c'est l'esprit de parti, d'intérêt ou d'ambition, qui sont les motifs de cette prédilection ? Par exemple, ne peut-on même pas, sans renverser la constitution, restreindre ou resserrer le gouvernement ; diminuer le nombre des représentans, et le réduire à deux par département ; concentrer le pouvoir exécutif dans une seule personne, comme cela se pratique dans les états-unis d'Amérique et dans d'autres gouvernemens républicains ? car il est de principe que plus un gouvernement est simple et resserré, plus son action devient forte, plus sa marche devient assurée, uniforme et conséquente. — Aucune raison ne doit donc empêcher de toucher à la constitution et de réformer le gouvernement, si le bonheur du peuple, qui est inséparable de la paix, l'exige.

(La liberté, l'égalité, etc.)

Vous avez oublié la *fraternité*, qui vaut sans doute bien les deux autres. — Mais laissons-là ces marionettes politiques, dont le peuple est fastidieusement dégoûté ; allons au fond des choses. La *liberté* consiste dans le rapport de la dépendance du peuple de son gouvernement ; plus cette dépendance est grande, moins le peuple sera libre. Le *minimum*, ou le moindre degré de liberté, est lorsqu'un peuple est gêné jusques dans ses opinions (politiques ou religieuses), dans ses paroles et dans ses pensées. Par exemple, rien de plus absurde que de vouloir contraindre tout le monde à se servir d'un mot plutôt que d'un autre, sur-tout lorsque ce sont des expressions indifférentes d'honnêteté et de civilité. Quoi de plus ridicule que de voir afficher dans tous les cafés et maisons publiques : *Ici on s'honore du titre de citoyen ?* car d'abord le mot *citoyen* n'est pas un *titre*, c'est une *qualité*, et vous avez aboli tous les titres. D'un autre coté, le mot de *monsieur* est un terme d'honnêteté et de politesse, et vous auriez sans doute très-mauvaise grace de vous offenser, si on vous traitoit de *messieurs* ; car le mot *sieur* ou *monsieur* dérive du mot latin *senior*, sénieur ou seigneur, qui signifie *ancien* : or, vous avez un conseil des *anciens*, c'est-à-dire un conseil des *seigneurs* ; et sans doute vous êtes bien nos *seigneurs* ou *supérieurs*, dans toute la force du terme, en qualité de gouvernans. Cette distinction entre les gouvernans et les gouvernés est dans la nature des choses, et on peut employer un terme pour l'exprimer.

L'égalité est encore un autre fantôme politique; car l'inégalité des hommes est fondée dans la nature et dans l'ordre des choses. Comme la loi naturelle, commune à tous, n'empêche pas l'inégalité naturelle, de même la loi civile n'empêche pas l'inégalité civile. Il y aura toujours une inégalité nécessaire entre les gouvernans et les gouvernés, entre les forts et les foibles, entre les riches et les pauvres, entre les savans et les ignorans, entre les gens d'esprit et les bêtes, entre la vertu et le vice.

(*Le bonheur du peuple*, etc.)

Son bonheur dépend de la paix. Si le gouvernement aime vraiment le bonheur du peuple, il fera tous les sacrifices possibles pour obtenir la paix; il faut l'acheter à tel prix que ce soit, même aux dépens de la constitution et du gouvernement, qu'il doit sacrifier ses intérêts, son existence même au salut public. — Parler au peuple des douceurs de la *liberté*, lorsqu'il est dans le malheur et dans la peine, lorsqu'il est écrasé d'impôts, lorsque toutes les ressources de son existence sont paralysées, quand les arts, l'industrie et le commerce sont anéantis et ruinés, n'est-ce pas le railler et insulter à sa misère? Parlez-lui des douceurs d'une paix prochaine et solide, et mettez une bonne fin à ses maux, en mettant une fin à la guerre destructive qui engloutit tant de trésors et tant de victimes, et dont la prolongation ne peut qu'entraîner la ruine de la France entière. — Je ne m'arrêterai pas à cette loi irrégulière et impolitique qu'on vient de proposer pour l'emprunt de 100 millions, dont le défaut radical sera prouvé par l'impossibilité de son exécution; je vous dirai seulement que le peuple donnera plutôt un milliard pour faire la paix, qu'un million pour faire la guerre.

(*Tous ceux qui ont ces sentimens, sont nos amis*, etc.)

Il est certain que tous ceux qui pensent comme le gouvernement, sont ses amis; mais on n'est pas son ennemi, pour ne pas penser comme lui. Tous ceux qui aiment et desirent la paix, l'ordre et la tranquillité, doivent être ses vrais amis; car ce sont là les vrais patriotes qui aiment le bonheur du peuple. En faisant la paix, vous serez aimés du peuple, et vous n'aurez plus rien à craindre de la part des factions ou des réactions.

(Nous avons tous la même volonté, etc.)

Jamais les esprits ne furent plus partagés sur les matières politiques ; les uns sont pour le gouvernement établi , les autres sont d'un système opposé ; les uns veulent la première constitution , les autres la seconde, et d'autres la troisième ; les uns sont royalistes , les autres républicains , les autres anarchistes : l'unique point sur lequel presque tout le monde est d'accord , c'est l'objet de la paix ; la grande majorité et presque totalité du peuple est prononcée pour la paix ; et il n'y a qu'un très-petit nombre de vilains ou d'intéressés qui peuvent desirer la continuation de la guerre ; et bonnement , il n'y a que des fous ou des méchans qui pourroient la souhaiter , parce qu'ils n'ont rien à perdre , et tout à gagner au désordre.

Si la volonté du peuple est celle du gouvernement , il fera sans doute la paix le plus promptement possible , pour ne pas exposer la France aux plus grands malheurs , par l'explosion d'une guerre civile qui paroît inévitable , si on ne met bientôt une fin au désordre et à l'oppression sous laquelle nous gémissons.

(Les traîtres et les dilapidateurs seront punis ; les ennemis de la liberté exclus des emplois, etc.)

Vous ferez fort bien de les punir , mais vous aurez beaucoup de besogne à remplir ; car il n'y en a pas mal , et il en existera toujours , si long-temps qu'il n'y aura pas de stabilité dans le gouvernement ; si long-tems que les emplois seront arbitrairement amovibles ; ils seront brigués , tantôt par l'une , tantôt par l'autre faction , qui se les arracheront mutuellement , par intrigues , cabales et violences , et vous serez toujours exposés à voir remplir les places par des gens ineptes , des ignorans et des mauvais sujets. — Ouvrez seulement les yeux sur ce qui se passe en ce moment par la réforme arbitraire du département de la Seine , dans tous les emplois de son ressort , qui comprend environ quatre mille individus , et vous jugerez de la cause par les effets.

Je ne crois pas qu'il y ait des *ennemis de la liberté* ; car aucun homme n'est assez fou que de vouloir renoncer à sa liberté individuelle ou perdre la liberté de sa personne et de ses propriétés , quoique cette liberté soit plus petite en France en ce moment que dans tout autre pays , comme il s roit aisé à prouver. — Il faut donc croire que , par *ennemis de la liberté* , on entend les *ennemis du gouvernement* ; et si on veut, sous ce prétexte , exclure les sujets des emplois, on ouvre une vaste carrière aux factions, aux dénonciations, à l'intrigue et aux vengeances personnelles. D'ailleurs, le gouvernement peut avoir des ennemis secrets ; il existe sans doute des *faux patriotes* qui voudroient provoquer la culbute du gouvernement ou une contre-révolution : les anarchistes ne sont sans doute pas des vrais patriotes ; ce sont les plus dangereux sujets qu'on puisse appeler aux emplois : les vrais patriotes sont les citoyens paisibles et impartiaux qui aiment l'ordre et la tranquillité, et qui desirent ardemment la paix, comme le remède unique aux maux et souffrances de leur triste patrie.

(*La guerre se poursuivra avec vigueur jusqu'à ce que la liberté soit affermie*, etc.)

C'est-à-dire, *jusqu'à ce que le gouvernement soit affermi* ; car la guerre ne se dirige pas contre la prétendue *liberté*, mais bien contre le gouvernement, et il est déjà prouvé qu'on n'est pas plus libre en France que par-tout ailleurs, vu que le gouvernement n'est pas une démocratie, mais une aristocratie très-prononcée. — Poursuivre la guerre avec vigueur, c'est vouloir ruiner la France et la perdre entièrement ; car vous n'ignorez pas l'épuisement fatal de vos finances, la détresse affreuse de vos armées, le dégoût général de vos conscrits, dont les trois quarts marchent contre cœur : vous n'ignorez pas que dans plusieurs départemens du Nord, de l'Ouest et du Midi, qui menacent l'insurrection, ils se refusent ouvertement au service. — Vous finirez par manquer en hommes et en argent, en voulant continuer la guerre ; car le nouvel emprunt forcé ne se lèvera qu'avec violence et vexation, et ne se remplira jamais. — L'esprit public est terrassé ; vos clubs mêmes si imprudemment ouverts dans ce moment de crise, sont divisés, et leur division ne peut qu'empirer le mal, augmenter le cahos politique, et fomenter l'esprit de parti à provoquer la guerre civile, qui ne manquera pas d'éclater, si jamais vous faites la sottise d'armer tout le monde, comme l'ardeur aveugle où le zèle inconsidéré de quelques partisans voudroit vous le suggérer.

Mais supposons pour un instant que vous eussiez les *moyens* de continuer la guerre : je vous demande quel en est le but et quel en sera le résultat ? Il n'y a sans doute pas d'autre but que de soutenir et de *consolider le gouvernement* : or, je vous demande s'il est juste de sacrifier un peuple à son gouvernement ? Ne faudroit-il pas faire tout l'opposé et sacrifier le gouvernement aux intérêts et au salut du peuple, si en tout cas il falloit en venir là pour obtenir la paix ? car dans le fait, la plus forte condition que les ennemis pourroient exiger , seroit peut-être un changement dans la constitution et une réforme dans le gouvernement : or , je vous demande si la constitution de l'an 3 est la plus parfaite qu'on puisse donner à un état ? Croyez-vous qu'un gouvernement tel que le vôtre est indispensable pour le bonheur et l'existence des Français ? vous n'oseriez le dire , à moins que vous ne disiez qu'un gouvernement versatil et variable comme le tems et les modes est proportionné au caractère léger et inconstant de la nation.

D'ailleurs , en supposant qu'on voulût maintenir le gouvernement actuel , le meilleur moyen et le plus sûr , seroit encore la paix : vous pourriez offrir la paix et demander une suspension d'armes pour en proposer les conditions (car les ennemis la desirent autant que nous) : vous pourriez même faire le sacrifice de tous les pays conquis pour maintenir le gouvernement , si c'est là le vœu du peuple ; car le peuple veut la paix à tout prix ; il oublieroit tous ses maux passés , s'il l'obtenoit , et il se contenteroit d'un gouvernement quelconque , pourvu qu'il soit stable , juste et modéré.

Il ne faut pas rougir de demander ou de proposer la paix ; car vous pouvez le faire avec dignité et avec succès , en admettant pour base préliminaire l'intégrité de la France : en admettant ensuite les changemens ou modifications nécessaires et raisonnables dans le gouvernement ou dans la constitution : point de retour aux féodalités , aux corporations , ni aux abus de l'ancien régime ; quelques modifications pour le clergé , nécessaire au culte , comme pensionnaire de l'état , ainsi que pour les émigrés , sans cependant leur accorder d'abord le retour en France. Par ce moyen , vous rapprocheriez tous les intérêts dont la conciliation est nécessaire pour vous ramener la paix au-dedans et au-dehors.

Si au contraire vous voulez vous maintenir par la guerre , vous risquez le tout pour le tout , et vous exposez la patrie à des convulsions terribles , dont vous pouvez être les premières victimes : car quel sera le *résultat* de la guerre? Ou vous serez vainqueurs , ou vous serez vaincus ; dans le premier cas , je ne vois pas de fin à nos maux , et la guerre peut encore durer dix ans sans en voir le terme ; car ce ne sera pas dans trois ou quatre campagnes que vous parviendrez à culbuter l'Europe entière , liée contre vous , d'autant plus que vous avez irrité et ameuté contre vous tous les peuples voisins , qu'on a voulu libertiniser ou citoyenniser. Et si vous êtes vaincus , il faudra toujours en venir à un arrangement quelconque , après avoir sacrifié peut-être un demi-million d'hommes, écrasé toutes les fortunes, ruiné tout le commerce, et perdu toutes les ressources publiques et privées, et rendant toutes les familles malheureuses.

Ce ne seroit donc pas *signer un traité indigne du peuple*, que de sauver l'Etat, non-seulement du danger qui le menace au-dehors, mais aussi du danger d'une guerre civile au-dedans, en sacrifiant à la paix tous les pays conquis, et en admettant les modifications ou changemens nécessaires dans la constitution, pour maintenir le gouvernement, et réduire la France à ses premières bornes ; c'est le vrai moyen de sauver le peuple et le gouvernement.

(*Le royalisme conspire avec audace*, etc.)

Mais vous ne dites pas que *l'anarchie conspire avec audace* aussi : cependant vous avez plus à craindre de cette dernière que du premier, car le royalisme ne conspire que contre le gouvernement, tandis que l'anarchie conspire en même-tems contre le peuple : cette faction est d'autant plus dangereuse qu'elle est plus hardie et plus entreprenante que la première ; elle s'affiche aussi impudemment qu'impunément. Mais prenez y garde, car si jamais les anarchistes parvenoient à vous culbuter, la France seroit perdue, la guerre civile inévitable, et vous verriez encore plus d'horreurs et de malheurs que nous n'en avons éprouvés sous Robespierre.

(*Jurons de nous ensévelir sous les ruines de la république, plutôt que de souffrir la plus légère atteinte à la liberté, etc.*)

A la liberté, c'est-à-dire *au gouvernement*, car les ennemis n'en veulent pas à la liberté, mais bien au gouvernement. Ce serment est un serment désespéré ; car cette phrase dit expressément qu'il faut sacrifier le peuple, ou l'état au gouvernement. Si le gouvernement pense ainsi, il n'y a plus de remède au mal, plus d'espoir pour la paix, plus de ménagement à attendre : on immolera plutôt le dernier Français, on allumera plutôt la guerre civile, on mettra la France entière en lambeau, à feu et à sang, plutôt que de changer un iota à la constitution, ou de souffrir le moindre changement dans le gouvernement. Quel horrible principe et quel étrange aveuglement! quelle folie et quelle extravagance! je ne puis y réfléchir sans frémir, et je laisse à mes lecteurs les conséquences à tirer d'une si funeste résolution et d'un si pernicieux système, qui est le comble du machiavélisme, et qui ne manquera pas de nous attirer les plus grands désastres.

Plût au ciel qu'il en fût autrement, et que je fusse trompé dans mon attente par un prompt retour à l'ordre et à la raison, par un heureux changement de système et de principes, qui nous amenât la paix si desirable et si désirée. Ainsi soit-il.

Point de bonheur, point de liberté, point de république sans la paix !

F O U R N I E R.

www.ingramcontent.com/pod-product-compliance
Lightning Source LLC
LaVergne TN
LVHW050437060726
842526LV00007B/2634